［力をひきだす、学びかたドリル］④

「書く」からはじめる

とけい・かたち

監修 河野 俊一（エルベテーク代表）

制作 特定非営利活動法人 教育を軸に子どもの成長を考えるフォーラム
Japanese Association for Education-centered Childhood Development

教え方によって子どもは大きく変わります。
親も子どもも手応えを！

こうして誕生しました

この学習ドリルシリーズは、発達の遅れがある子の指導を30年間近く続けている教育機関・エルベテークの指導法（＊エルベメソッド）に基づき、実際に教室で使用している教材をドリル形式に編集したものです。

実践的なこの学習ドリルの役割とは？

学習は知識の習得だけではありません。「できた、できなかった」に一喜一憂するものでもありません。

何をどのように学んでいくのかを子ども自身が教わり身につけていく行為である……、そんな考え方がこのドリルの根底にあります。

ドリルの学習を通して、子どもたちがルールや約束事、手順を理解し、大切な「受け入れる姿勢」「教わる姿勢」を身につけ、自分の気持ちと行動をコントロールできるようになることをめざします。

教え学ぶ親と子の関係が
すべての成長の始まり

そして、正しいやり方を知り手順を身につけることによって成長の土台がつくられ、自信や見通しをもてるようになるのではないでしょうか。

教え学ぶ親と子の関係はすべての子どもにとって大切なものだと思います。

「見る、聞く、話す、読む、書く」練習を通し、子どもたちが学び成長するためのスタートラインに立てるよう、まず、家庭の中でしっかり支えていきましょう。

エルベメソッド

「まずしっかり見る、聞く姿勢を育てることが最優先」「関心のない物事に対しても注意を向けることができる姿勢づくり」など12項の具体的な教育方針と指導目標を掲げ、学習を通して子どもの成長をめざす指導法。

特徴は、「発達上の遅れを抱える子どももそうでない子どもも、身につけさせたい力は同じである。そして、その接し方・教え方、指導の仕方も原則は同じである」という考え方と、約30年にわたる豊富な事例・実績に基づく実践。

［力をひきだす、学びかたドリル］❹

「書く」からはじめる
とけい・かたち

目 次
- こうして誕生しました　2
- ドリル（4巻シリーズ）の目的　4
- 練習に向かう3つの準備　5
- 【とけい】と【かたち】どんなことを学ぶの？　8
- 【とけい】と【かたち】親子で理解を深める　10

とけい　11
- 何時ですか？　12
- 正時　14
- ○時30分／○時半　24
- 時刻の説明　34
- デジタル時計　37
- 時間を表す漢字　38
- 長い針の読み方／5とびの数　39
- 長い針の読み方／5分刻みの時刻　41
- 短い針の読み方　44
- ○時○分　46
- まとめ　53
- 1日の生活　56

かたち　61
- いろいろな形　62
- チャレンジ　ますを使って書く　69
- 定規を使ってみよう　70
- チャレンジ　線でつなぐ　73
- 形のちがい　74
- チャレンジ　辺と頂点　76
- 縦の線と横の線　79
- チャレンジ　縦と横の長さ比べ　83
- 色板並べ　86
- 棒で形をつくる　89
- チャレンジ　直角　90
- まとめ　93

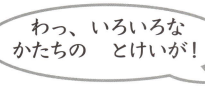

わっ、いろいろな
かたちの　とけいが！

ドリル（4巻シリーズ）の目的

いま、子どもたちの「筆記する力」が低下しています。「書くのが苦手、書けない子ども、書くのを面倒くさがる子どもが多い」……、そんな声が学校の先生方からもよく聞かれます。エルベテークのアメリカ教室からも同様の指摘があります。

●

これは、幼児期から軟らかすぎる鉛筆やクレヨンなどを使い、「書く楽しさ」を強調する一方で、筆圧や鉛筆の持ち方、書く姿勢を育てることがおろそかになっている結果のように思われます。筆記の力の低下が、学力や根気強さにも悪い影響を与えているように思います。今後、タブレットの普及で、書く時間がよりいっそう少なくなっていくのではないかと懸念されます。

●

筆記する力とは、応じたり受け入れたり、ルールや手順を身につける力。その力が土台となり、基礎学力の定着と物事に根気よく取り組む姿勢を育てることにつながります。

まず、このドリルで成果を上げるための4つのポイントを実践してください。そして、迷った時に読み返すなどして、何度も再確認していただければ幸いです。

1　お互いが目を合わせて丁寧に伝え合う時間をつくりましょう

　数を知り、筆記することだけが目的ではありません。向かい合って挨拶をする、穏やかな口調で伝え、気持ちの良い返事をする……。
　このように、「受け入れる姿勢」や「応じる姿勢」を大切にしながら、親と子が1対1のコミュニケーションをつくり上げていく。これがこのドリル学習の目的であり、効果的なポイントです。

2　「見る、聞く、話す、読む、書く」……多角的なアプローチを試みましょう

　いきなり書くのではなく、鉛筆の持ちかた・手の添え方、筆記の姿勢から練習させましょう。指でなぞらせたり、選ばせたり、読ませたりなどの工夫も取り入れてみると、効果が上がります。
　次第に、子どもは「物事にはルールや手順があること」をごく自然な流れの中で学んでいくことになります。

3　練習の基本は「一本の線から」

　このドリルには線の練習がたくさんあります。始点と終点を守り、一本の線となぞりを丁寧に書くことはとても大切です。
　数字は形を模倣しやすく、書く練習の導入としておすすめです。筆記の基本を学び、きれいで正確な文字（ひらがな、漢字など）への足がかりをつくりましょう。

4　身につけさせたい力は「繰り返し」という根気です

　最初から多くを望むと、焦ったり、急ぎ足になったりします。少しずつ、繰り返し練習する、この気持ちが大切です。できないところを少しずつ練習させ、学習量を増やしていきましょう。親にも「根気」が求められます。
　「根気よく取り組む習慣」は一生の宝物です。好きなようにやりがちな子どもでも次第に自分でどうすべきかを考え、気持ちをコントロールするようになります。

練習に向かう3つの準備

このドリルでは、一本の線を書く練習から数字を書く練習、数を理解する練習へとつなげます。
鉛筆をきちんと持てない、筆圧がない、ふらついて線がまっすぐ書けない、形がとらえられずに数字がきれいに書けない、数字は書けるのに数の意味がわからない……そんな子どもの課題を、学習を通して少しずつ改めていきます。

1

対面で座り、背筋を伸ばします

話を聞くとき、返事をするときは、視線を合わせているかどうかを必ず確認しましょう。
椅子に座るときは、背筋を伸ばして、手は膝の上に置くように教えましょう。
小さい子どもの場合は、ベビーチェアを利用してもいいでしょう。

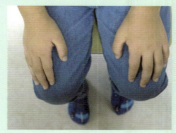

2 セットで覚えたいこと 親子のコミュニケーション

あいさつ

はじめは、あいさつの練習から。家庭であいさつの習慣を身につけると、必要なときに自ら丁寧なあいさつができるようになります。

はじめます　はい

返事

子どもにしてほしいことは、目を見て丁寧な言葉で伝えましょう。そして、目を見て「はい」と返事をするように促してください。
親子ともに穏やかな気持ちになることでしょう。

鉛筆を持ってください　はい

報告

書き終えたら、「できました」と子どもから報告する練習をしましょう。その時も、目を見て、伝えるようにしましょう。

できました　いいですよ

正しい筆記姿勢と鉛筆の持ち方

鉛筆は学習の大切な道具です。正しい持ち方を繰り返し教えましょう。
紙を別の手でしっかり押さえます（上半身を支える役目もあります）。
消しゴムの使い方は、親指と人差し指を開き、その間に消したい場所をもってくるようにします。適切な筆圧で書くには、芯が軟らかすぎない 2B の鉛筆あたりから始めるとよいでしょう。
一人で書くことが難しいときには、手を添えてあげましょう。

始点を示してあげる

通過する点を示してあげる

手首が浮かないように押さえてあげる

線がぶれないように鉛筆を押さえてあげる

消したい場所を親指と人差し指で押さえ、
消しゴムで消す

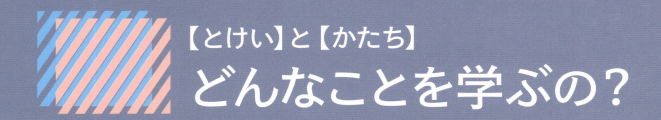

【とけい】と【かたち】
どんなことを学ぶの？

3つの目的

- 基本的な生活習慣を身につけるように
- 子どもたちが生活の中で時間を意識しながら行動できるように
- わかりやすく説明できる力を育てるように

「まったー？」

「やくそくのじかんどおりよ。」

【とけい】スタートはアナログ時計

長針や短針、文字盤をよく見て、指差し、声に出して読む、確かめる、確認するなど、目と耳と手をフルに使って進めていきましょう。

- 時間の感覚がつかめる
- 「もう何分」「あと何分」など 針の位置、角度から時間の流れを知る

【かたち】理解すると世界が広がる

- さまざまな形を言葉とともに知る
- 形の違いをわかりやすく説明する
- ドリルを通して空間の広がりを学ぶ

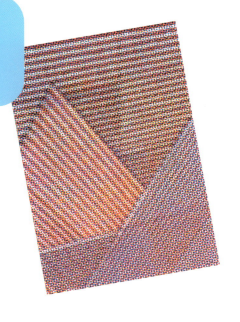

円、三角形、正方形などの名前を覚え、自分で描いてみましょう。形を構成する直線・曲線、辺、頂点、直角などを意識しながら形の説明ができるようになるといいですね。

【とけい】と【かたち】
親子で理解を深める

お父さん、あと 20 分で 10 時だよ。

約束の時間に間に合うね。

お腹、すいたよー。

7時まで待っててね。あと 30 分よ。

「かたち」には決まりがあるの？

そう。決められたルールがあるのよ。

いろんな形があって、頭のなかがこんがらがるよ。

三角とか四角に分けていくと、ほらっ、難しくないよ。

とけい

　長い針と短い針、文字盤でできた時計（アナログ時計）を使って時間の学習を行いましょう。時間の感覚を身につけるのに効果的です。

　時刻を知るだけでなく、日常の生活の中に約束があることを知る、そしてその約束の時間を利用し、自分の行動をコントロールして生活を組み立てていく……それが時計の学習の本当の目的です。

とけいには 1〜12までの すうじが かいて
あります。ゆびを さして よんでみましょう。

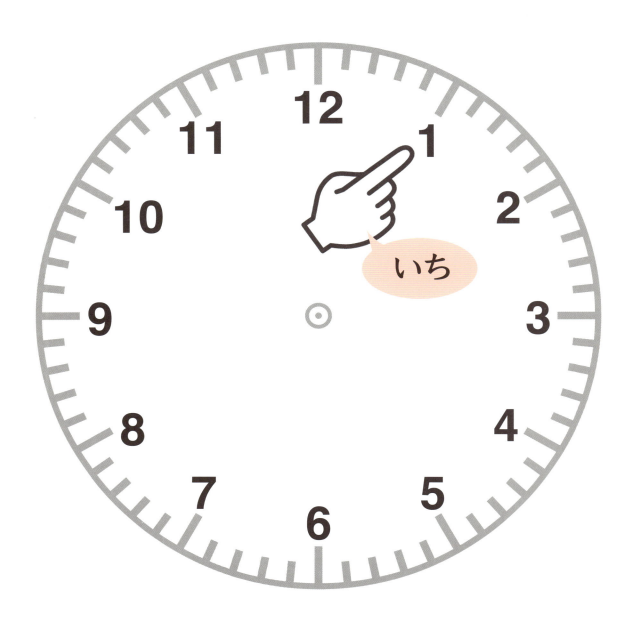

とけいに すうじを かきいれましょう。

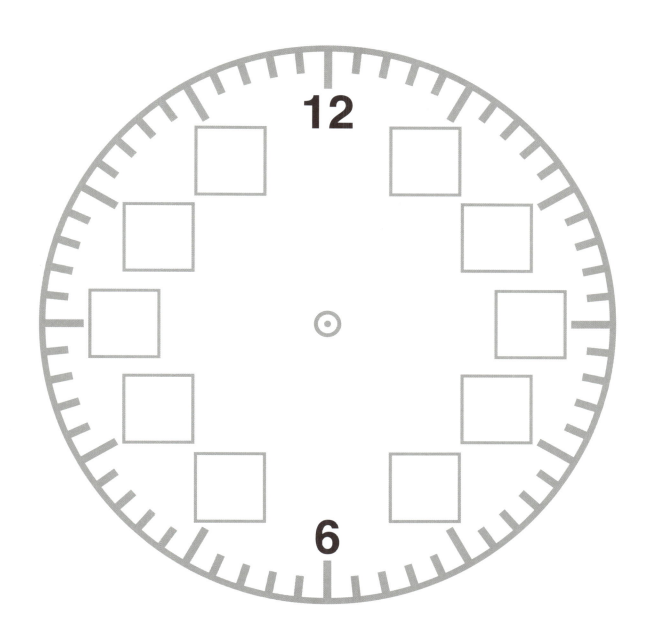

とけい
正時

がつ　にち

とけいには　みじかい　はりと　ながい　はりが　あります。ゆびで　みじかい　はりと　ながい　はりを　たしかめましょう。

※「短い針は『時』を、長い針は『分』をさします。長い針が12をさしているときは、ちょうどの時間です」と伝えながら、指で指すようにしましょう。

とけい
正時

がつ　　にち

この　じこくは　8じです。

みじかい　はりは　□を　さしています。

ながい　はりは　□を　さしています。

じこくは　□じです。

とけい
正時

がつ　にち

みじかい　はりが　さしている　すうじを　よんで　□の　なかに　じこくを　かきましょう。

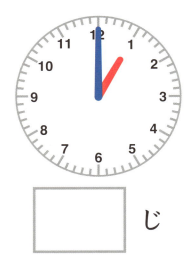

□ じ

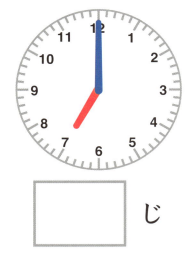

□ じ

□ じ

ながい　はりが　12を　さしている　ときは　ちょうどの　じかんです。

ながい　はりと　みじかい　はりが　12を　さしている　ときは　12じです。

お昼の 12 時は「正午(しょうご)」、夜の 12 時は「正子(しょうし)」ともいうのよ。

16

じこくを かきましょう。

みじかい はりを かいてみましょう。

3じ

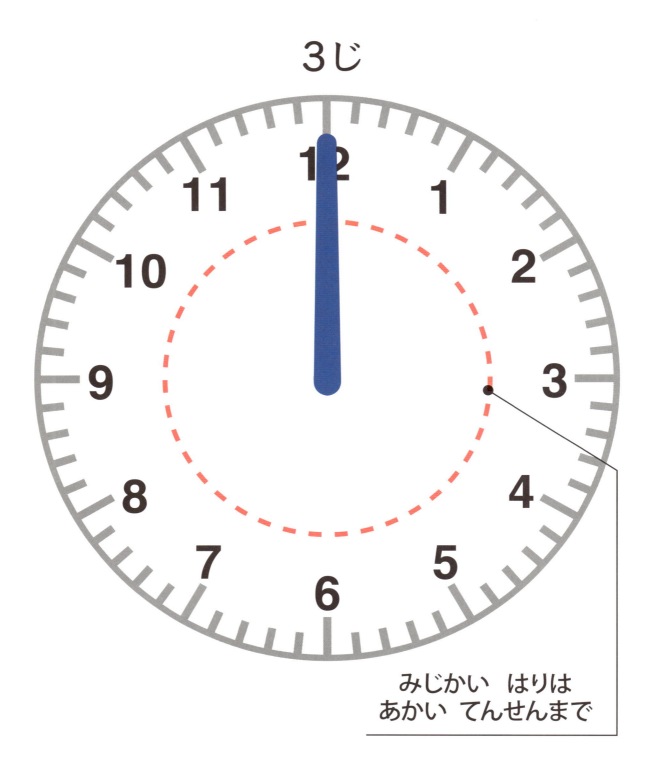

みじかい はりは
あかい てんせんまで

※定規が使えるときは、中心と数字をきれいな直線で結びましょう。
　定規の使い方は 70 ページにあります。

とけい
正時

がつ　にち

みじかい　はりと　ながい　はりを　かいてみましょう。

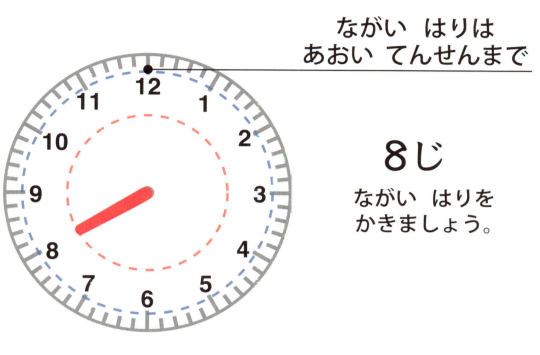

ながい　はりは　あおい　てんせんまで

8じ
ながい　はりを
かきましょう。

10じ
みじかい　はりと
ながい　はりを
かきましょう。

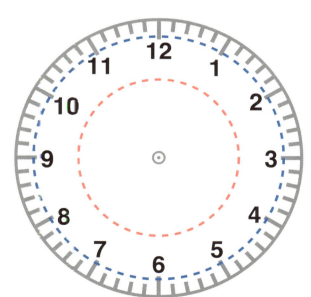

※長針の線は青い破線まで引かせてください。

とけいの　はりを　かいてみましょう。

9じ

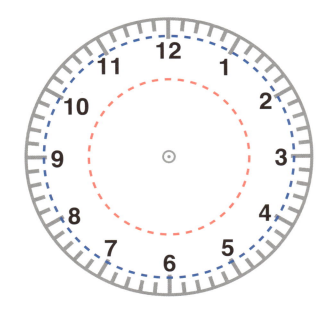

4じ

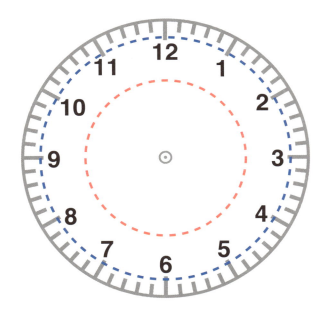

とけい
正時

いま なんじ？ せつめいして みましょう。

がつ　　にち

みじかい はりは _____ を さしています。

ながい はりは _____ を さしています。

この じこくは _____ です。

※この説明は基本です。子どもがひとりで言えるように繰り返し練習しましょう。

21

とけい
正時

がつ　　にち

じこくを　せつめいして　みましょう。

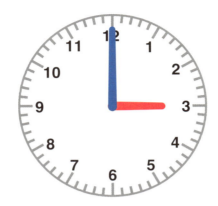

みじかい　はりは _____ を　さしています。

ながい　はりは _____ を　さしています。

この　じこくは _____ です。

みじかい　はりは _____ を　さしています。

ながい　はりは _____ を　さしています。

この　じこくは _____ です。

とけい
正時

がつ　　にち

おぼえられましたか？　もういちど　じこくを　せつめいして　みましょう。

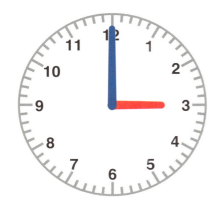

みじかい　はりは _____ を　さしています。

ながい　はりは _____ を　さしています。

この　じこくは _____ です。

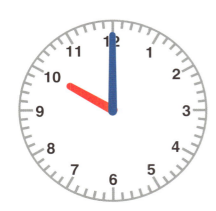

みじかい　はりは _____ を　さしています。

ながい　はりは _____ を　さしています。

この　じこくは _____ です。

みじかい　はりは _____ を　さしています。

ながい　はりは _____ を　さしています。

この　じこくは _____ です。

とけい
〇時30分／〇時半

がつ　にち

この　じこくは　9じ30ぷんです。ながい　はりは　どこを　さしていますか？

せつめいを　よみましょう。
ゆびで　はりを　さしながら
じこくを　たしかめましょう。

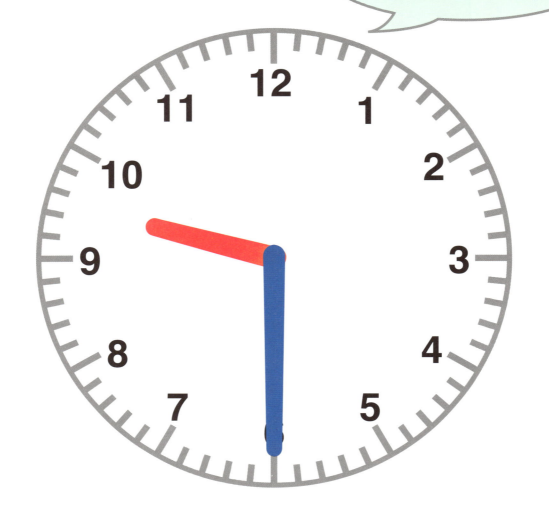

ながい　はりは　6を　さしています。
みじかい　はりは　9と　10の　まんなかです。
この　じこくは　9じ30ぷんです。

ながい　はりが　6を　さしている　ときは
30ぷんと　よみます。
つぎは　なんじ30ぷんかな？

みじかい　はりが　1と　2の　まんなかの　ときは
☐じ30ぷんです。

2と　3の　まんなかは　＿＿＿じ30ぷん

3と　4の　まんなかは　＿＿＿じ30ぷん

4と　5の　まんなかは　＿＿＿じ30ぷん

5と　6の　まんなかは　＿＿＿じ30ぷん

9と　10の　まんなかは　＿＿＿じ30ぷん

11と　12の　まんなかは　＿＿＿じ30ぷん

12と　1の　まんなかは　＿＿＿じ30ぷん

とけい
〇時30分／〇時半

じこくを せつめいして すうじを かきましょう。

がつ　　にち

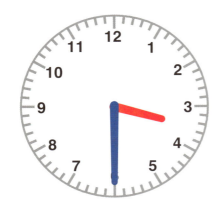

みじかい はりは **3** と **4** の まんなかで **3** じです。

ながい はりは **6** を さしています。

じこくは **3** じ **30** ぷんです。(**3** じはんです。)

みじかい はりは ＿＿＿ と ＿＿＿ の まんなかで ＿＿＿ じです。

ながい はりは ＿＿＿ を さしています。

じこくは ＿＿＿ じ ＿＿＿ ぷんです。

(＿＿＿ じはんです。)

30ぷんは「はん」とも いいます。どちらも つかえると いいね。

とけい
○時30分／○時半

じこくを かきましょう。

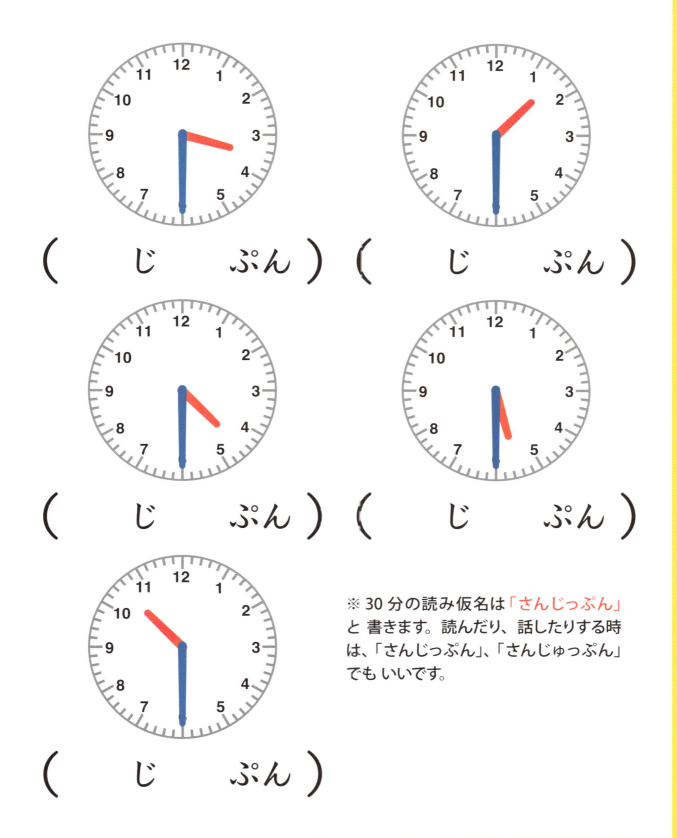

※30分の読み仮名は「さんじっぷん」と 書きます。読んだり、話したりする時は、「さんじっぷん」、「さんじゅっぷん」でも いいです。

とけい
○時30分／○時半

がつ　にち

じこくを　かきましょう。

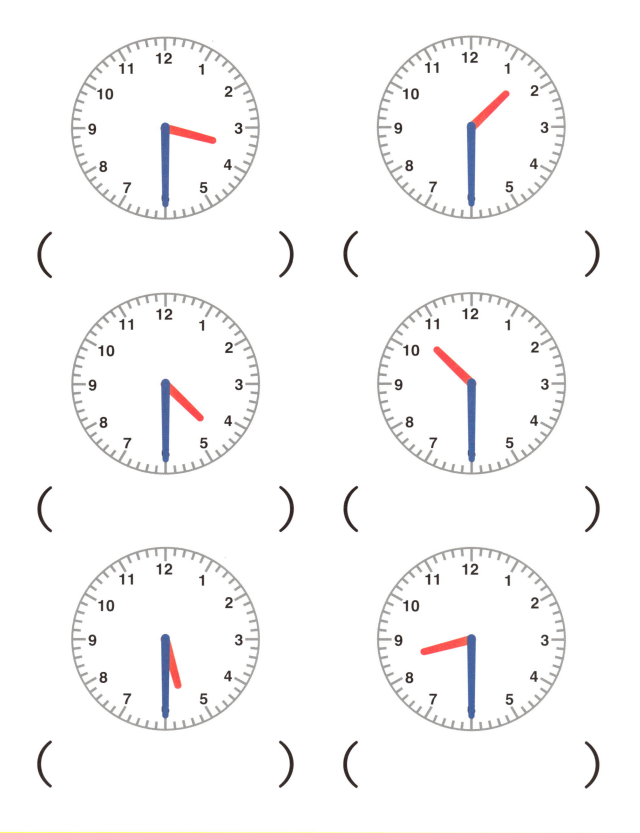

とけい
〇時30分／〇時半

がつ　　にち

じこくを　かきましょう。

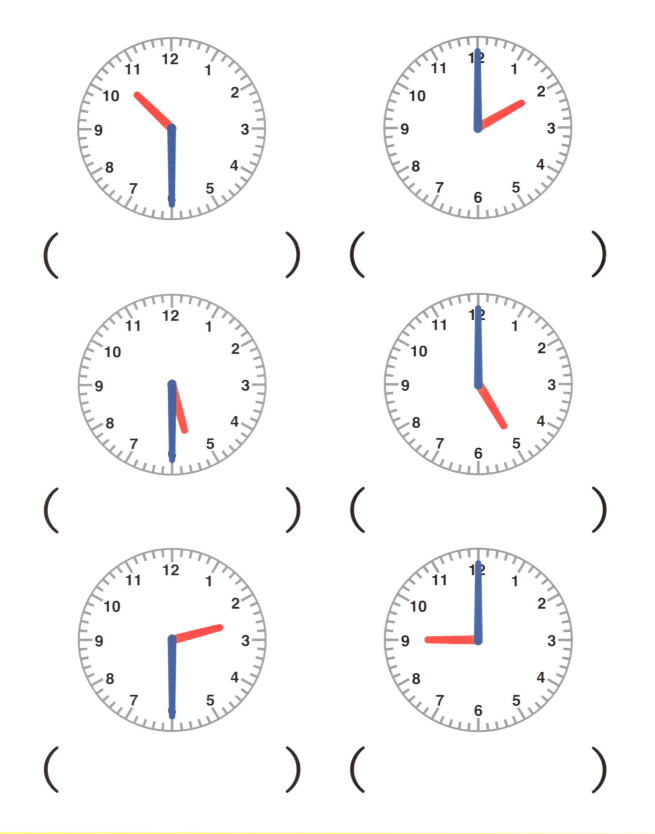

とけい
〇時30分／〇時半

がつ　にち

じこくを　かきましょう。

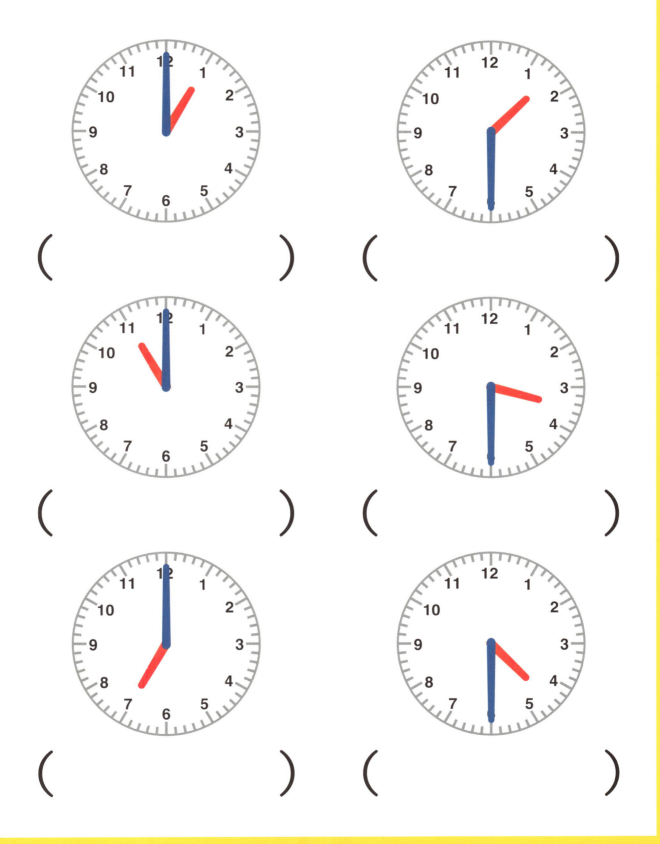

とけい
〇時30分／〇時半

がつ　にち

じこくを　かきましょう。

【気配を感じたらすかさず声をかけましょう】

とけい
○時30分／○時半

がつ　　にち

じこくを　かきましょう。

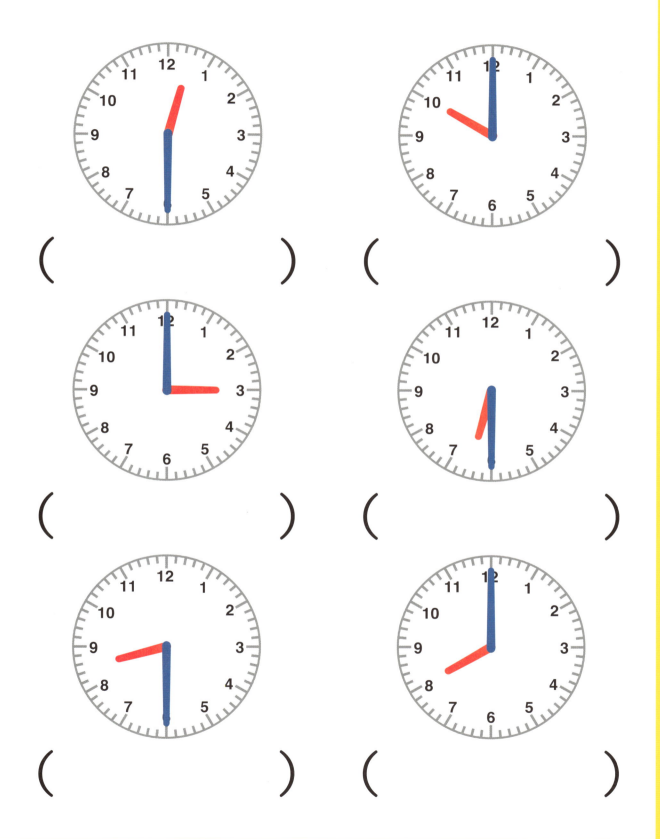

とけい
時刻の説明

がつ　　にち

じこくを　せつめいして　みましょう。

【れい】
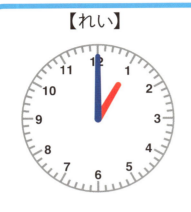

みじかい　はりは ___1___ を　さしています。

ながい　はりは ___12___ を　さしています。

じこくは ___1___ じです。

せつめいを　かいてみましょう。

| み | じ | か | い | は | り | は | 7 |
| を | さ | し | て | い | ま | す | 。 |

とけい
時刻の説明

がつ　　にち

じこくを　せつめいして　みましょう。

みじかい　はりは ＿＿＿ と ＿＿＿ の

まんなかです。

ながい　はりは ＿＿＿ を　さしています。

じこくは ＿＿＿ じ ＿＿＿ ぷんです。

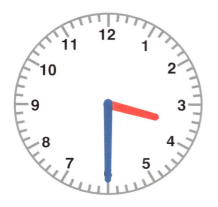

せつめいを　かいてみましょう。

とけい
時刻の説明

がつ　　にち

じこくを　せつめいして　みましょう。

みじかい　はりは　____と____の

まんなかです。

ながい　はりは　____を　さしています。

じこくは　____じ　____ぷんです。

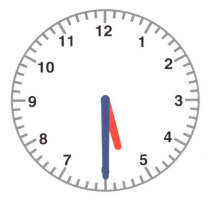

せつめいを　かいてみましょう。

とけい
デジタル時計

がつ　　にち

デジタルで　じこくを　よみましょう。
おなじ　じこくを　せんで　むすびましょう。

10じ30ぷん　　3じ40ぷん　　8じ

とけいを　みて、デジタルで　じこくを　かきましょう。

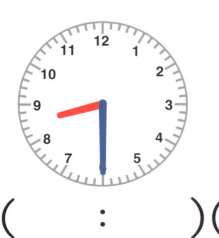　　

(　　：　　)(　　：　　)(　　　　)

とけい
時間を表す漢字

じかんを しめす かんじです。ひつじゅんを よく みて、わくの なかに かいてみましょう。

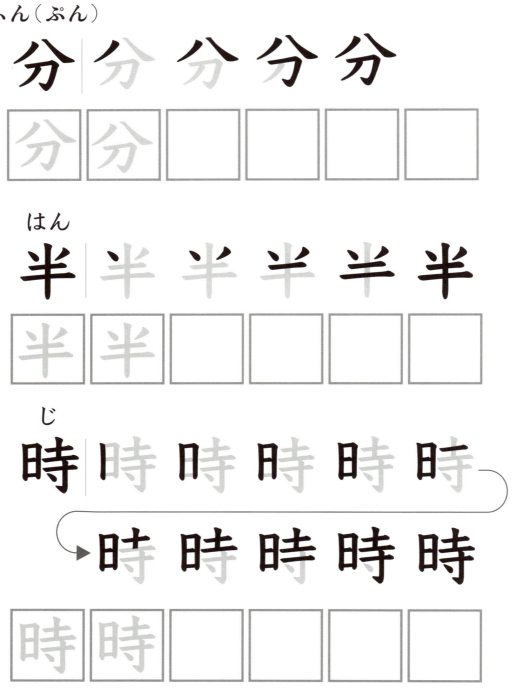

※これらの漢字は小学2年で学びます。漢字を書くことがまだ難しい子どもは、このページをとばしてもかまいません。

とけい
長い針の読み方／5とびの数

がつ　　にち

5とびの　かずを　おぼえましょう。

5	10	15	20	25	30
35	40	45	50	55	60

おぼえたら、5とびの　かずを　かきましょう。

5					

とけい
長い針の読み方／5とびの数

がつ　　にち

5とびの　かずを　かきましょう。

	10	15			30

		15			
				55	

5					

とけい
長い針の読み方／5分刻みの時刻

がつ　にち

ながい　はりが　さす　ところに　かずを　かきましょう。

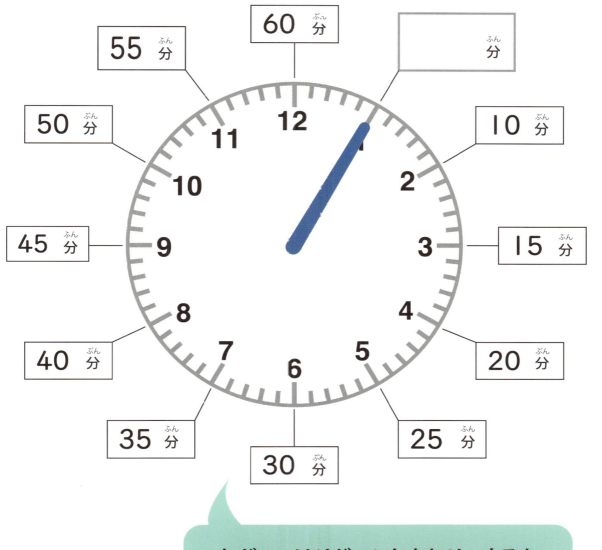

ながい　はりが　ひとまわり　すると　60ぷんです。
60ぷんは　1じかんです。

「ふん」と　よんだり　「ぷん」と　よんだりします。
くりかえし　よんでみよう。

とけい
長い針の読み方／5分刻みの時刻

☐ がつ　にち

□ に 5とびの かずを かいてみましょう。

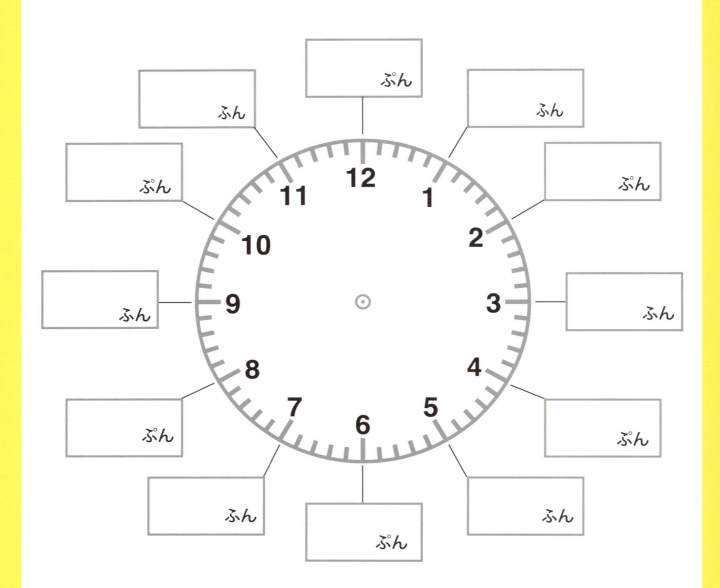

よむときは
「じっぷん」でも
「じゅっぷん」でも いいです。

とけい

長い針の読み方／5分刻みの時刻

ながい はりが さしている ところは なん分かな？ 5とびの かずを つかいましょう。

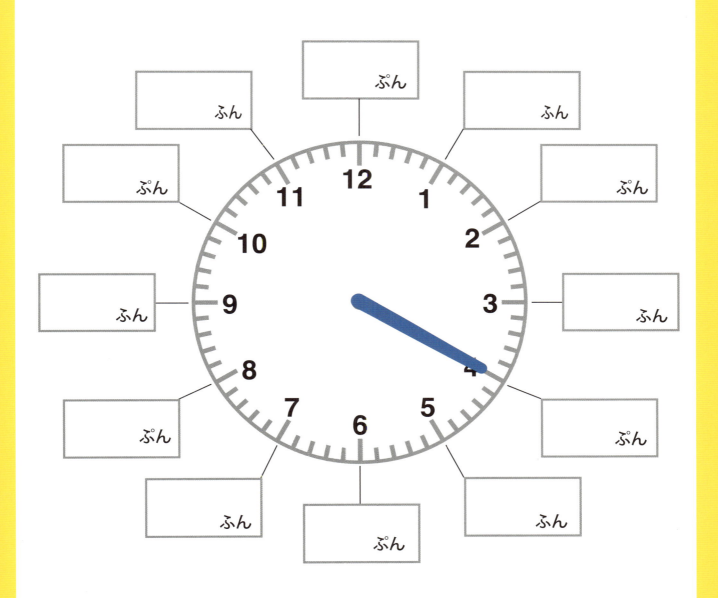

とけい
短い針の読み方

がつ　にち

ながい　はりが　さしているのは　なん分 ですか？　かいたら　なんども　よみましょう。

① ながい　はりが　**1**　の　ときは　| **5**　ふん |

② ながい　はりが　**2**　の　ときは　| ぷん |

③ ながい　はりが　**3**　の　ときは　| ふん |

④ ながい　はりが　**4**　の　ときは　| ぷん |

⑤ ながい　はりが　**5**　の　ときは　| ふん |

⑥ ながい　はりが　**6**　の　ときは　| ぷん |

⑦ ながい　はりが　**7**　の　ときは　| ふん |

⑧ ながい　はりが　**8**　の　ときは　| ぷん |

⑨ ながい　はりが　**9**　の　ときは　| ふん |

⑩ ながい　はりが　**10**　の　ときは　| ぷん |

⑪ ながい　はりが　**11**　の　ときは　| ふん |

とけい
短い針の読み方

じこくを　かきましょう。

がつ　　にち

① ながい はりが 11 の ときは　［　　　］ふん

② ながい はりが 3 の ときは　［　　　］ふん

③ ながい はりが 8 の ときは　［　　　］ぷん

④ ながい はりが 2 の ときは　［　　　］ぷん

⑤ ながい はりが 10 の ときは　［　　　］ぷん

⑥ ながい はりが 5 の ときは　［　　　］ふん

⑦ ながい はりが 7 の ときは　［　　　］ふん

⑧ ながい はりが 4 の ときは　［　　　］ぷん

11 → ［　］分（ふん）

6 → ［　］分（ぷん）

※ すばやく答えられるようにするためにはメモ用紙などを使って練習すると効果的です。

45

とけい
○時○分

じこくを かきましょう。

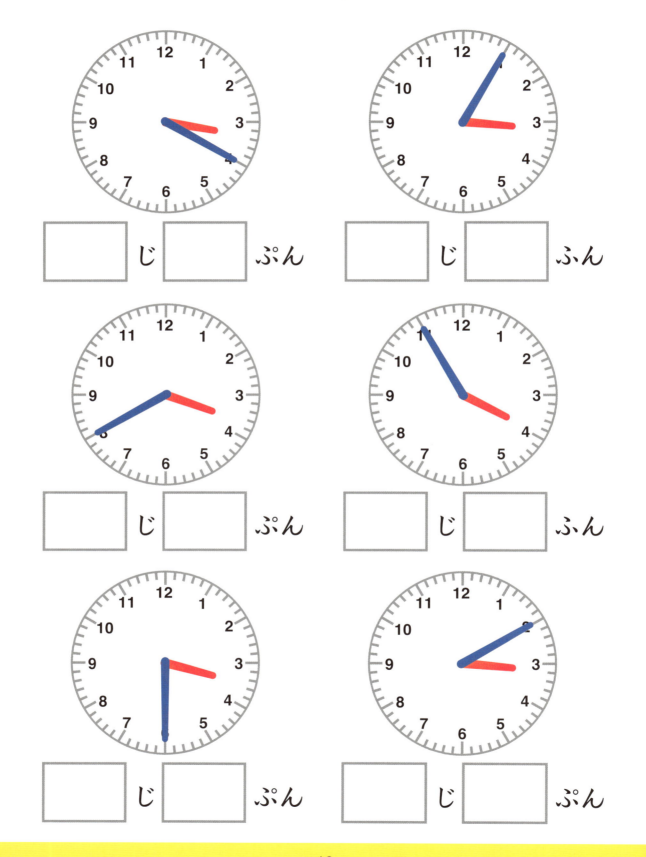

とけい
◯時◯分

がつ　にち

じこくを　かきましょう。

【子どもの目を見て「しません」と
きっぱりと伝えましょう】

じこくを かきましょう。

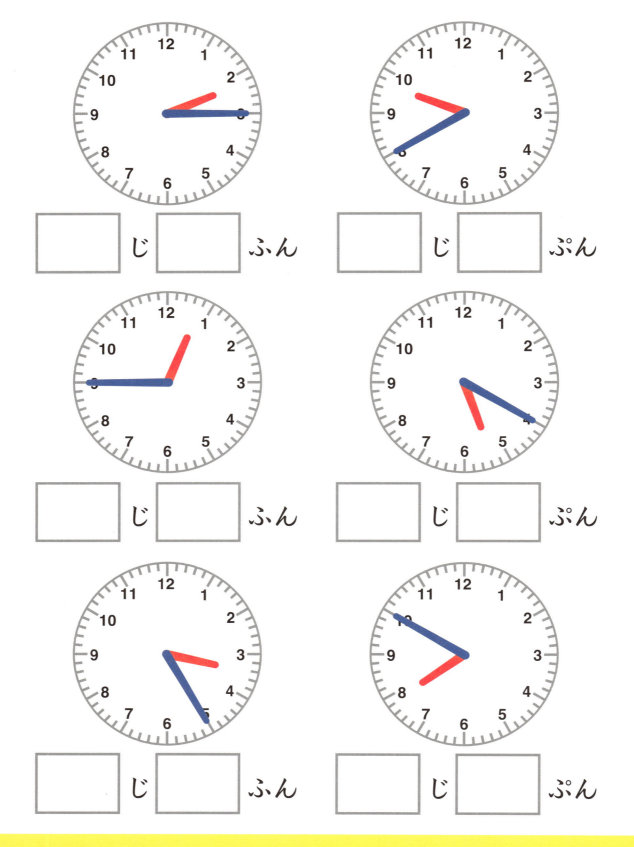

じこくを かきましょう。

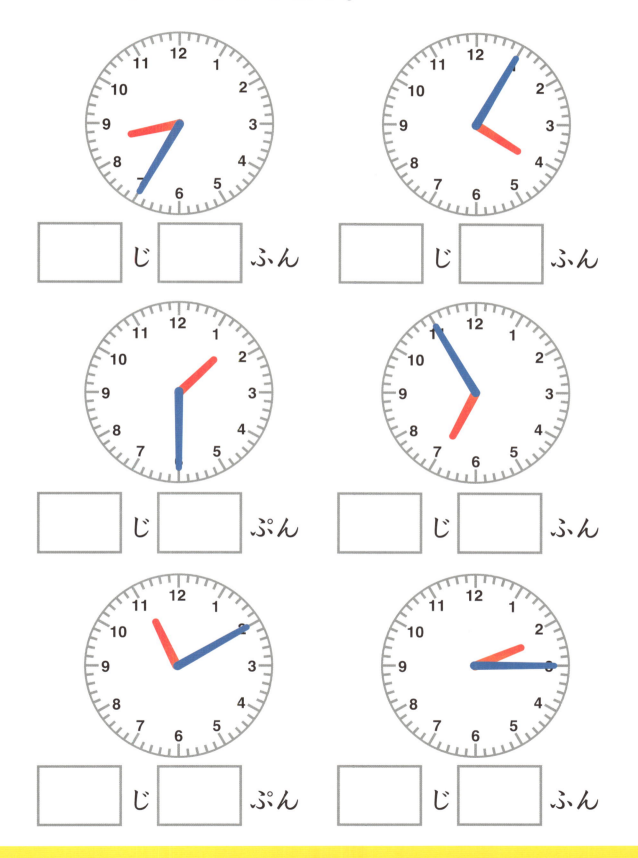

とけい
○時○分

がつ　にち

ながい　はりは　なん分（ぷん）を　さしていますか？

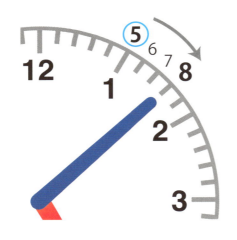

8 分（ふん（ぷん））

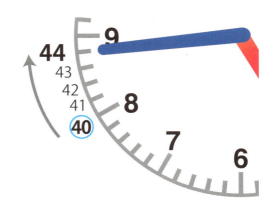

分（ふん（ぷん））

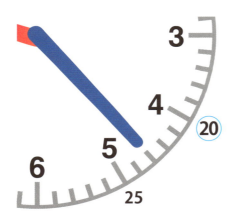

分（ぷん）

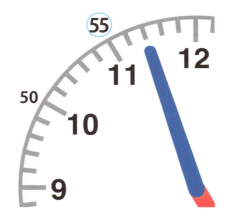

分（ふん）

※ ○を書いた数字から読むと早く読めます。

なん分ですか？

がつ　にち

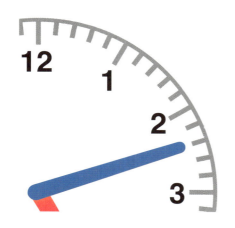

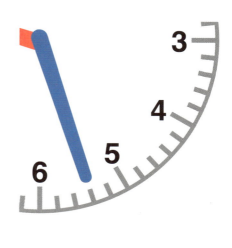

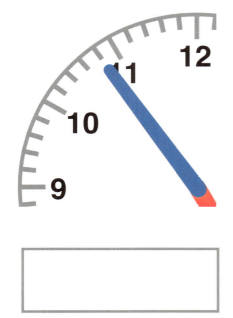

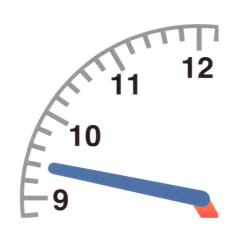

なん分(ぷん)ですか?

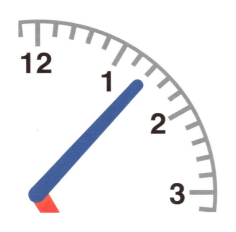

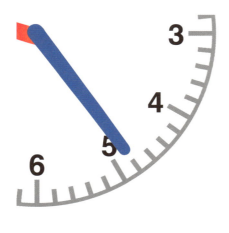

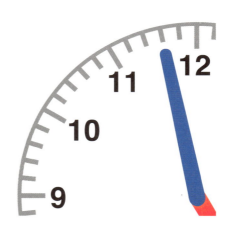

じこくを かきましょう。

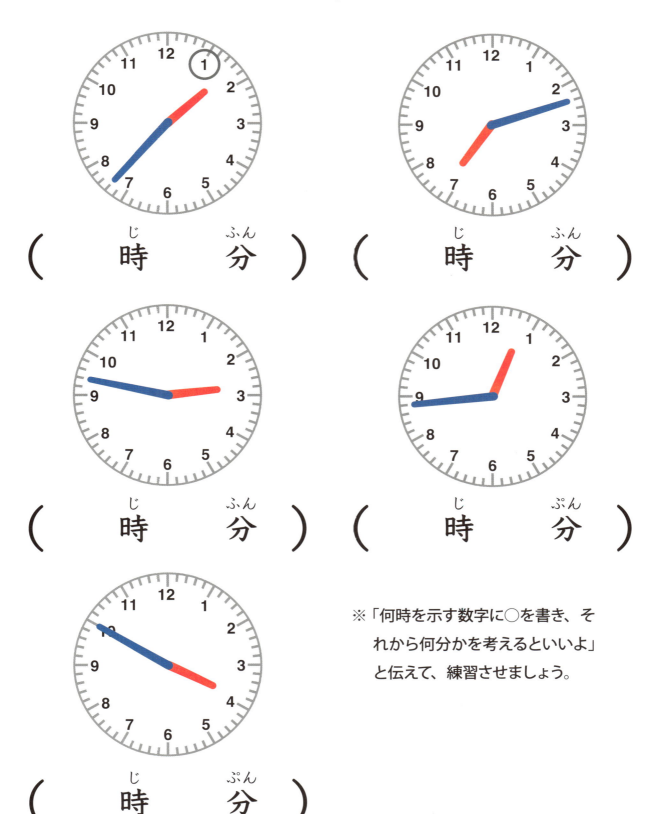

(時 分)　(時 分)

(時 分)　(時 分)

(時 分)

※「何時を示す数字に○を書き、それから何分かを考えるといいよ」と伝えて、練習させましょう。

じこくを かきましょう。

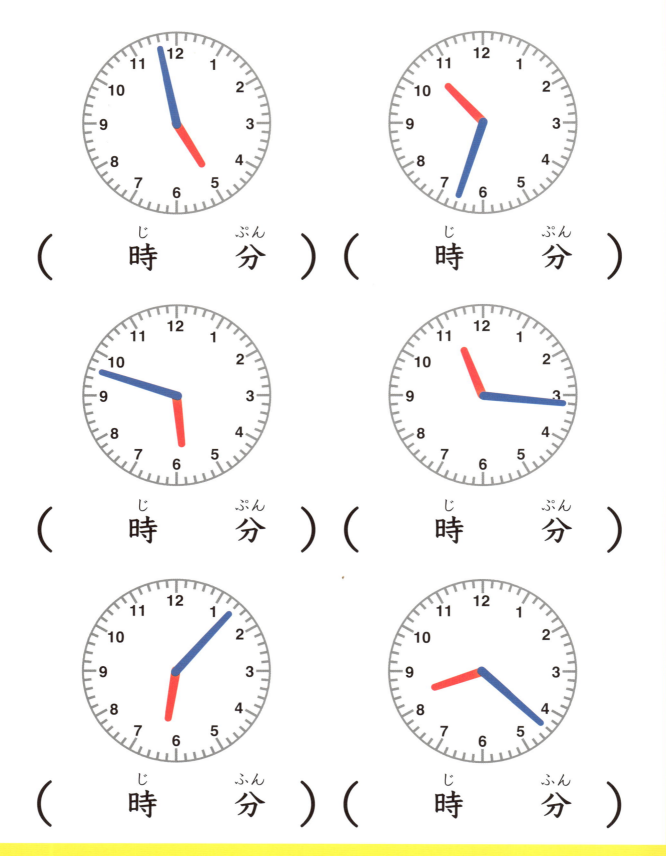

とけい まとめ

じこくを かきましょう。

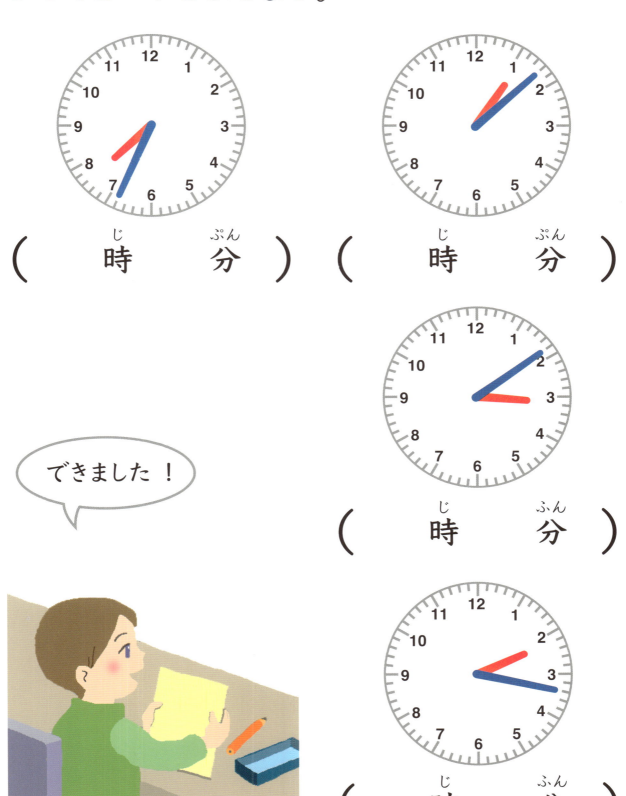

(　時　　　分)　(　時　　　分)

(　時　　　分)

できました！

(　時　　　分)

55

とけい
1日の生活

がつ　にち

1にちは　ごぜんと　ごごに　わかれます。
とけいを　みて　じこくを　かきましょう。

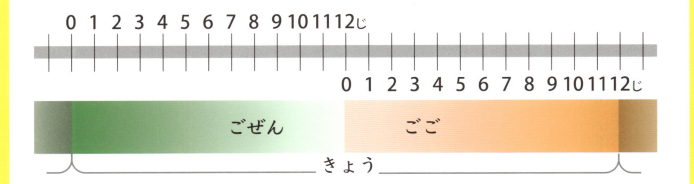

おきる
（ごぜん　　　　）

でかける
（　　　　　　　）

おやつ
（ごご　　　　　）

ねる
（　　　　　　　）

とけい
1日の生活

(がつ　にち)

ひなさんの　1にち。とけいは　なん時なん分？
ごぜん、ごごを　つかって　かいてみましょう。

おきる　（ ごぜん　6じ 30 ぷん ）
あさごはん　（　　　　　　　）
おやつ　（ ごご　3じ　　　　）
ほんを　よむ　（　　　　　　　）
おふろ　（　　　　　　　）
ねる　（　　　　　　　）

とけい
1日の生活

れんくんの おやすみの ひ。

とけいは ごぜん、ごごの なん時なん分を さしていますか？

がつ　にち

おきる
（ ごぜん 7じ 20ぷん ）

ちょうしょく
（　　　　　　　　）

ともだちと やきゅう
（ ごぜん 10じ 35ふん ）

べんきょう
（　　　　　　　　）

ゆうしょく

（　　　　　　　　）

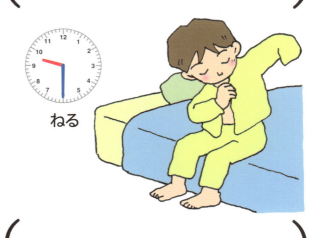
ねる
（　　　　　　　　）

58

ひろとくんは ごご 9時30分に ねて、ごぜん 7時に おきました。
ねた じこくに ○を、おきた じこくに ◎を つけましょう。

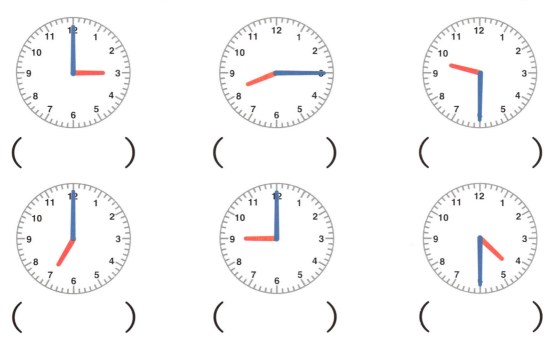

あおいさんは ごぜん 11時47分の でんしゃに のって、
ごご 2時13分に つきました。
のった じこくに ○を、ついた じこくに ◎を つけましょう。

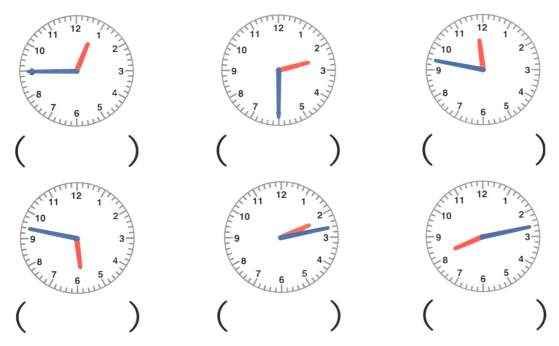

あなたの 1にちの スケジュールを
かいてみましょう。

 おきる
_____

ごぜん
_____

 _____

ごぜん
_____

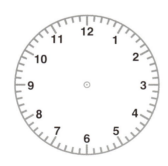 _____

ごご
_____

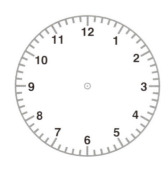 ねる
_____

ごご
_____

かたち

　円・三角形・正方形・長方形・台形など、さまざまな形を認識し、思い出しながら書く練習は、数字や文字の学習にも役立ちます。
　「まる」「さんかく」……ではなく、「円」「三角形」……という正しい名前も一緒に覚えていきましょう。

かたち
いろいろな形

がつ　にち

かたちの　なまえを　おぼえましょう。

せんを　ゆびで　なぞって　かたちの　なまえを　いいましょう。

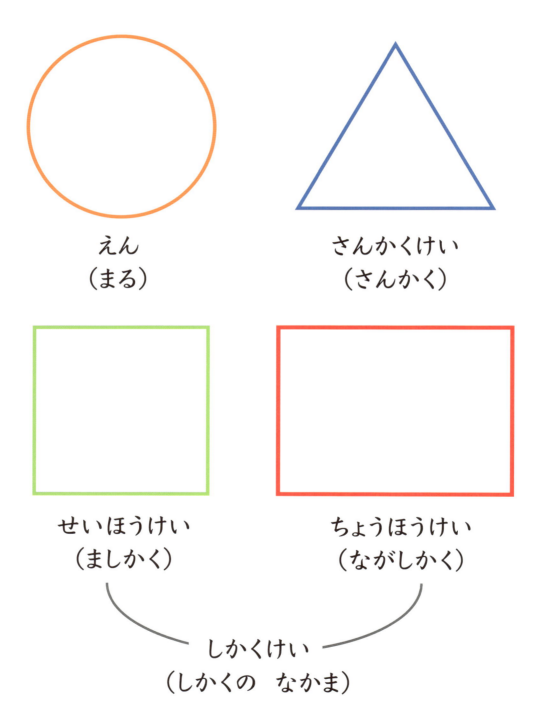

※ このドリルでは「えん」「さんかくけい」「せいほうけい」「ちょうほうけい」という言葉を使います。

かたち
いろいろな形

かたちと　なまえを　せんで　むすびましょう。

　●　　●せいほうけい

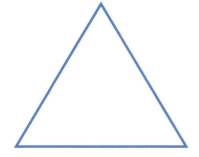　●　　●えん

　●　　●さんかくけい

　●　　●ちょうほうけい

かたち
いろいろな形

がつ　にち

かたちを　かいてみましょう。

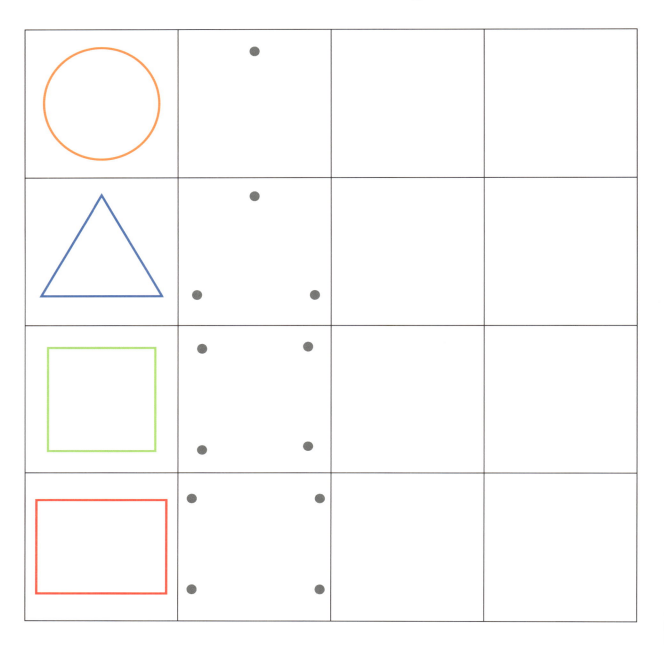

かたちの　なまえを　おぼえましたか？
ゆびを　さして　いってみましょう。

かたち
いろいろな形

がつ　にち

なかまではない　かたちは
どれですか？　○を　つけましょう。

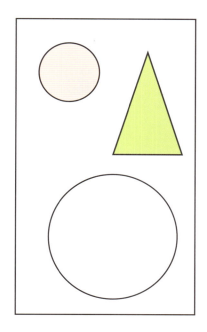
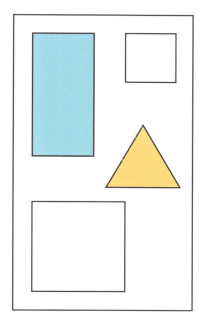
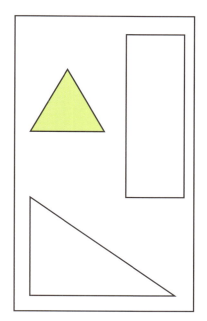

にている　かたちを　せんで　むすびましょう。

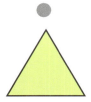

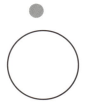

かたち
いろいろな形

がつ　にち

□の なかに つぎの かたちは いくつ ありますか？　かずを かきましょう。

① さんかくけい　　　　　　□つ

② えん　　　　　　　　　　□つ

③ せいほうけい　　　　　　□つ

④ ちょうほうけい　　　　　□つ

66

にている かたちを せんで むすびましょう。

なかまではない かたちは どれですか？
（　　）に ばんごうを かきましょう。

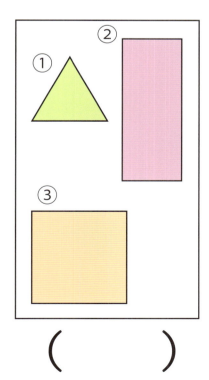 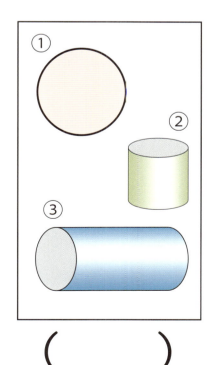 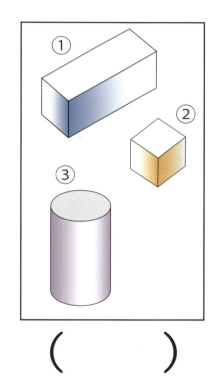

（　　）　　　（　　）　　　（　　）

67

つみきを うつして できる かたちを、
せんで むすびましょう。

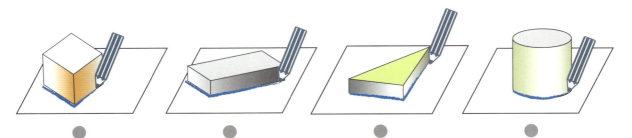

○や △、□を つかって えを
かいてみましょう。

【れい】

チャレンジ

かたち
ますを使って書く

がつ　にち

ますを　つかって　いろいろな　かたちを　かいてみましょう。

かたち
定規を使ってみよう

がつ　　にち

じょうぎを　つかって　まっすぐな　せんを　かいてみましょう。

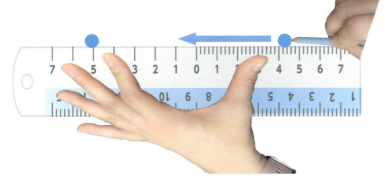

※ 右から左へ線を引かせて
みてください。
始点・終点がよく見えるので、
きちんと止まれます。

じょうぎを　しっかり
おさえましょう。

せんで　むすびましょう。

※ 定規で線を引く時はふつう、「左→右」の順に書きます。しかし、手の陰になって終点が見えないと手が浮いてしまうことがあります。そんな時は、「右→左」の順に線を引かせてください。終点が見えるので、子どもは安心して書くことができますよ。

70

かたち
定規を使ってみよう

がつ　にち

じょうぎを　つかって　かたちを　かいてみましょう。

① さんかくけい

② せいほうけい

③ ちょうほうけい

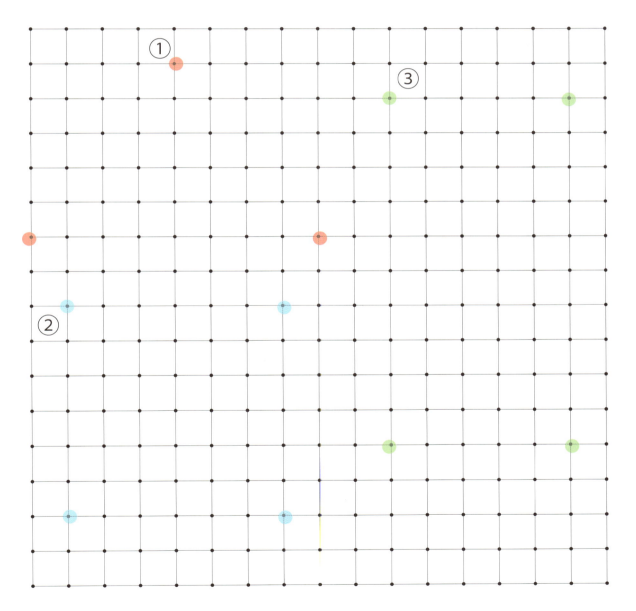

※定規がうまく使えないときは、フリーハンドで書かせてください。

かたち
定規を使ってみよう

がつ　にち

● と　● を　せんで　つないで　おなじ
かたちを　かきましょう。

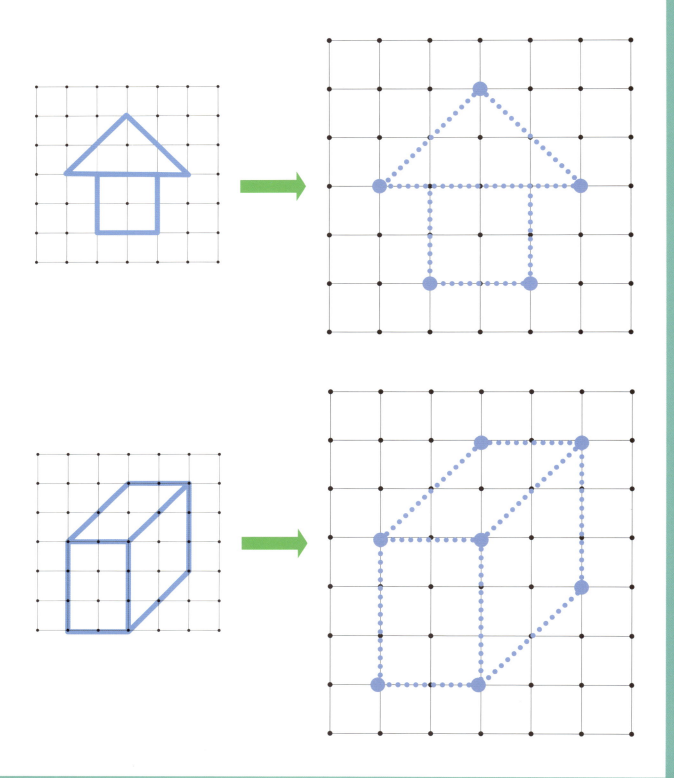

かたち
線でつなぐ

がつ　にち

● と ● を　せんで　つないで　いろいろな
かたちを　かいてみましょう。

かたち
形のちがい

がつ　にち

かたちの　ちがいを　せつめいしましょう。

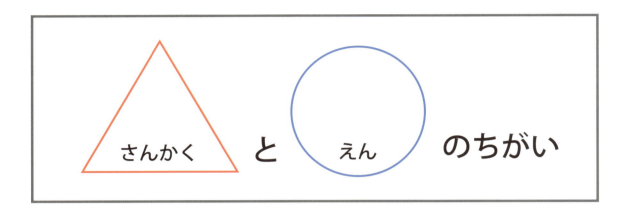

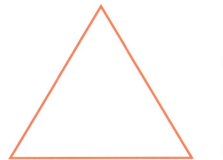

● かどが _____ つ　ある

● まっすぐな　せんが _____ ぼん　ある

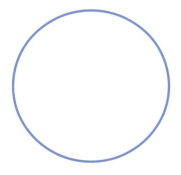

● かどが _____

● まっすぐな　せんが _____

かど、まっすぐな　せんは　きまった　いいかたが　あるよ。
つぎの　ページを　みてね。

いろいろな　さんかくけい・しかくけい

ことばを　おぼえましょう

まっすぐな　せん…………**ちょくせん**

まっすぐでは　ない　せん…………**きょくせん**

さんかくけいは、

　3ぼんの　ちょくせんで　かこまれている　かたちを　**さんかくけい**と　いいます。

しかくけいは、

　4ほんの　ちょくせんで　かこまれている　かたちを　**しかくけい**と　いいます。

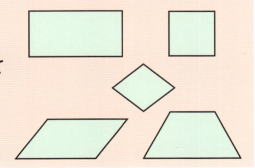

チャレンジ

かたち
辺と頂点

がつ　にち

「かど」と「まっすぐな　せん」は　なまえが　あります。おぼえられると　いいですね。

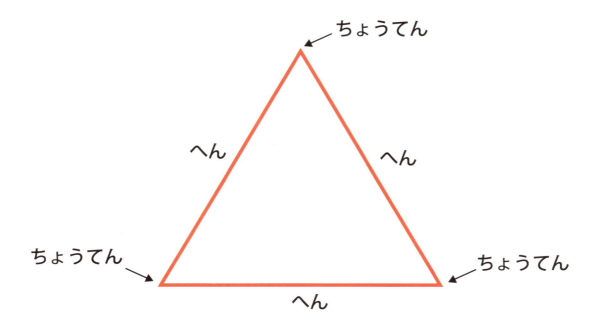

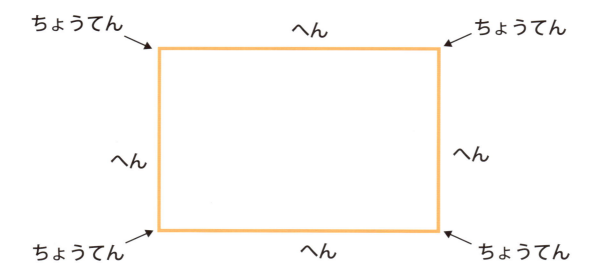

※ 指差しながら、なんども言ってみましょう
※ 「辺と頂点」は小学校2年生で学びます。

チャレンジ

かたち
辺と頂点

（　がつ　　にち　）

（　　　　　）に　ことばを　いれましょう。

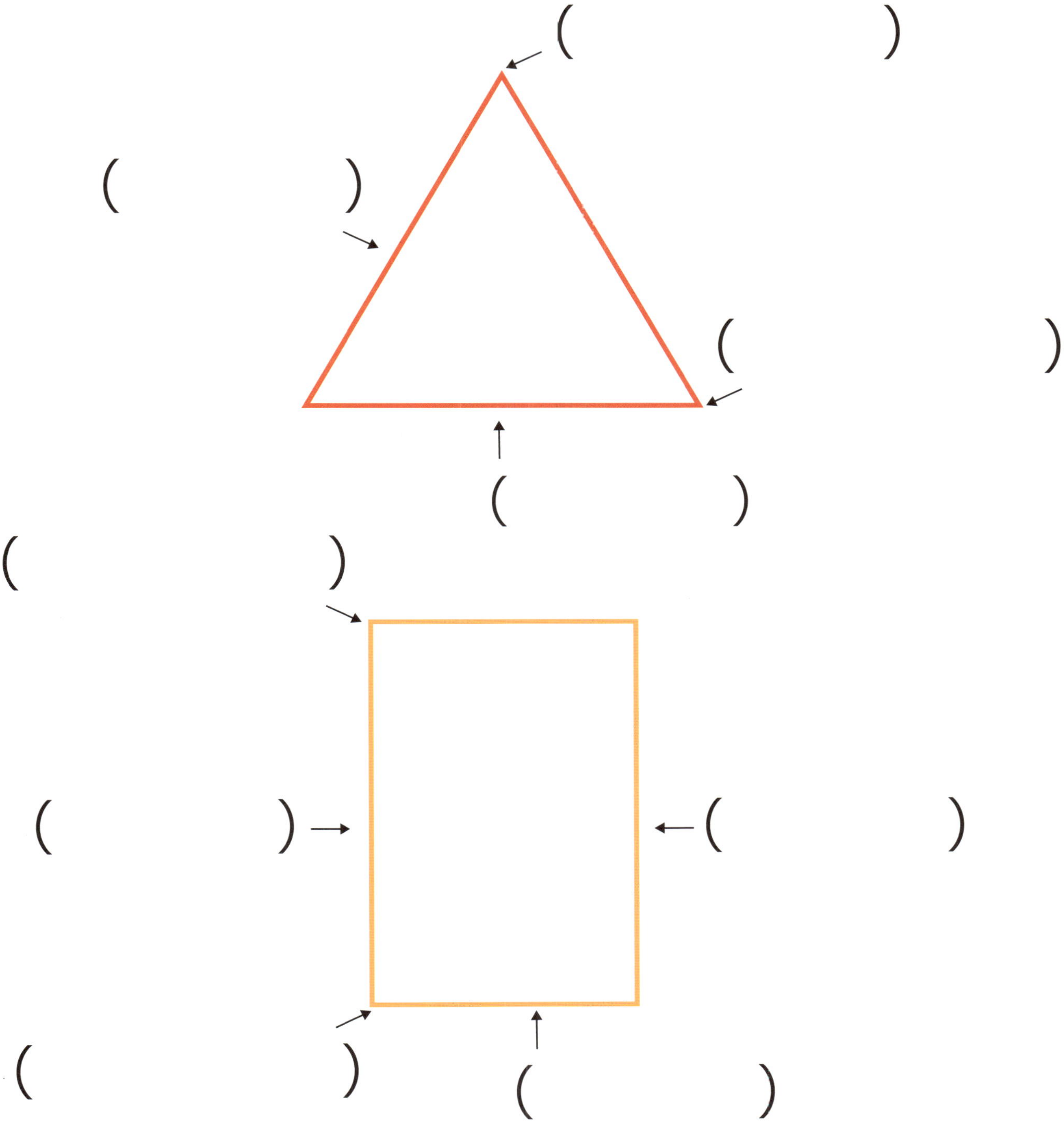

（　　　　　　　　　　）

（　　　　　　）

（　　　　　　　　　　）

（　　　　　　）

（　　　　　　）

（　　　　　　）→　　　←（　　　　　　　）

（　　　　　　）

（　　　　　　）

77

かたち
辺と頂点

がつ　にち

「へん」と「ちょうてん」を つかって かたちの ちがいを せつめいして みましょう。

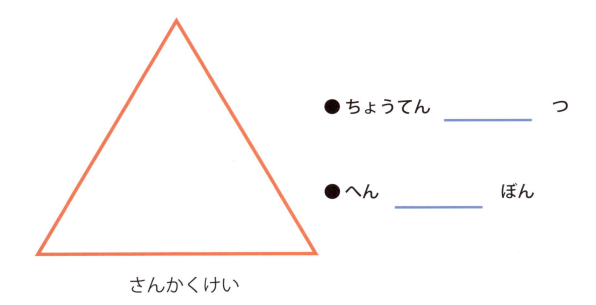

さんかくけい

●ちょうてん _____ つ

●へん _____ ぼん

ちょうほうけい

●ちょうてん _____ つ

●へん _____ ほん

たての　せんと　よこの　せん

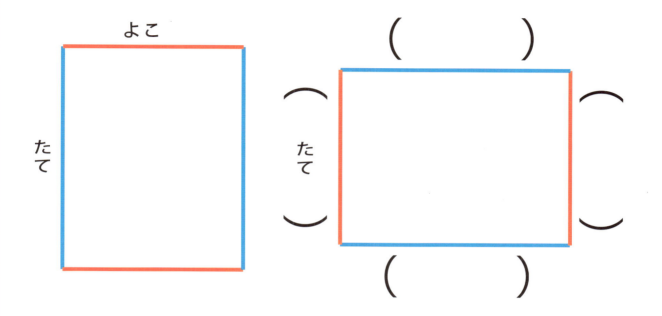

たてと　よこの　せんを　じょうぎを　つかって　かいてみましょう。

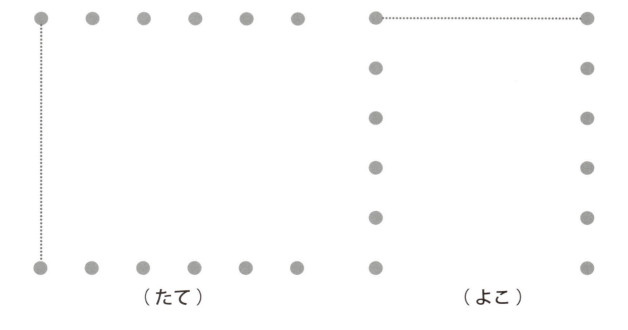

（たて）　　　　　　　　　　（よこ）

かたち
縦の線と横の線

がつ　にち

たてと　よこの　ながさを　くらべて　かたちの　ちがいを　せつめいして　みましょう。

せいほうけい

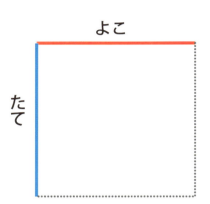

たてと　よこの　ながさは **おなじ** です。

ちょうほうけい

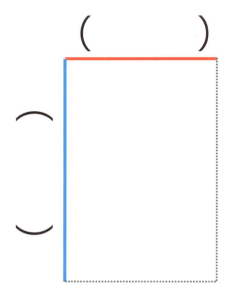

たてと　よこの　ながさは **ちがい** ます。

ただしい　ほうに　◯　を　つけましょう。

せいほうけいと　ちょうほうけいの　ちょうてんの　かずは

おなじ　　　　　　**ちがう**

ちょうてんの　かずは _____ つ

せいほうけいと　ちょうほうけいの　へんの　かずは

おなじ　　　　　　**ちがう**

へんの　かずは _____ ほん

かたち
縦の線と横の線

がつ　にち

せいほうけいと　ちょうほうけいの　つづきを　かき、しつもんに　こたえましょう。

（1）せいほうけい　　　（2）ちょうほうけい

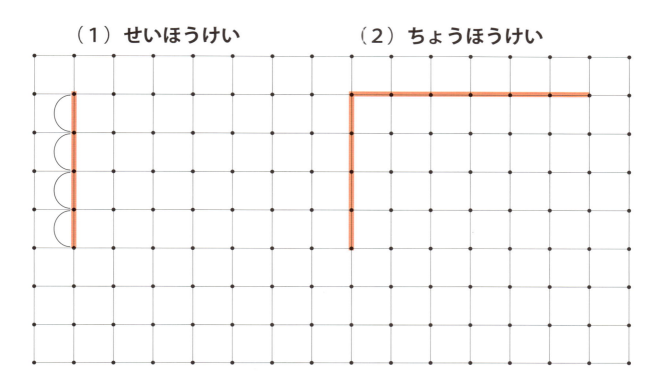

それぞれの　ながさは　いくつぶんですか？

せいほうけいは、
たての　ながさ　__4__　つぶん

よこの　ながさ　_____　つぶん

ちょうほうけいは、
たての　ながさ　_____　つぶん

よこの　ながさ　_____　つぶん

ただしい　ほうに　◯を　つけましょう。

せいほうけいは　たてと　よこの　ながさが　　**おなじ**　　**ちがう**

ちょうほうけいは　たてと　よこの　ながさが　　**おなじ**　　**ちがう**

81

かたち
縦の線と横の線

がつ　　にち

たてと　よこは　いくつぶんですか？

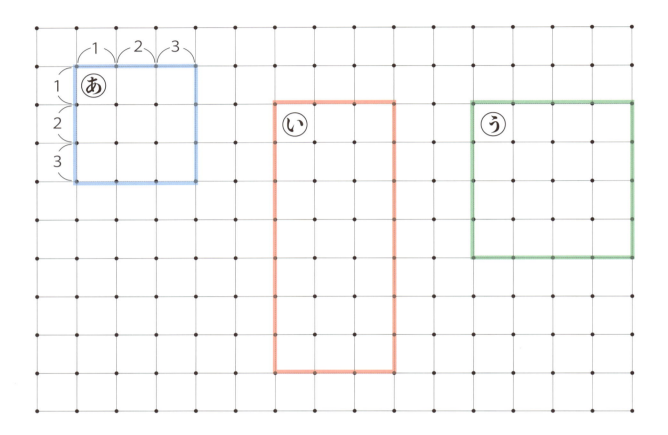

あ　　　　　　　　　い　　　　　　　　　う

たて_____ぶん　　たて_____ぶん　　たて_____ぶん

よこ_____ぶん　　よこ_____ぶん　　よこ_____ぶん

※「どっちが長い？」と聞いてみましょう。
※「縦が横より◯つぶん長い」と答えられたらよいですね。

82

チャレンジ

かたち
縦と横の長さ比べ

がつ　　にち

こんな　くらべかたも　あります。
ⓐ　と　ⓘ　では　どちらが　ながいですか？

おって　くらべてみましょう。

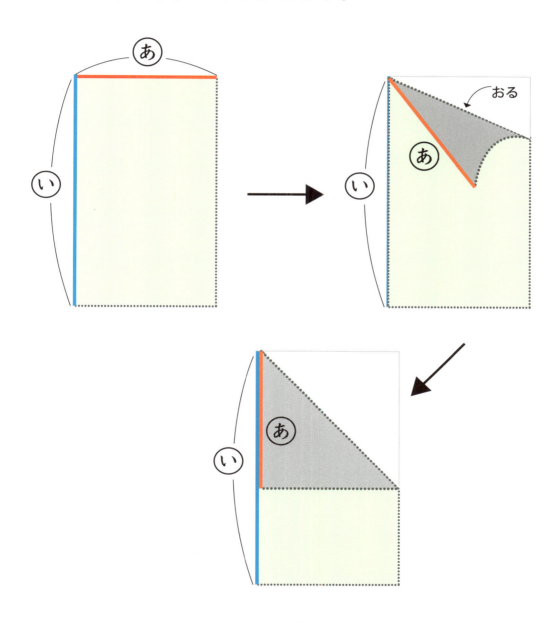

こたえ ＿＿＿＿＿＿ が　ながい

かたち
縦と横の長さ比べ

がつ　にち

こんな くらべかたも あります。
ⓐ と ⓘ では どちらが ながいですか？

テープを ⓐのながさに きり くらべてみましょう。

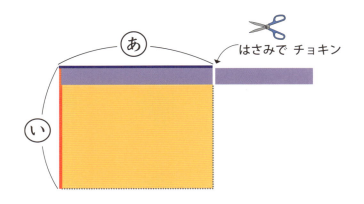

はさみで チョキン

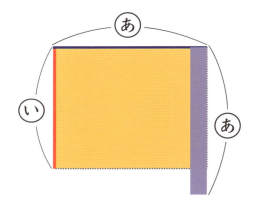

こたえ ＿＿＿＿＿＿ が ながい

あ と い では どちらが ながいですか？

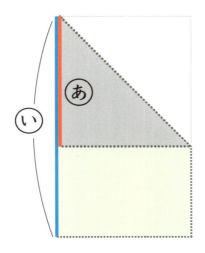

こたえ ＿＿＿＿＿＿＿ が ながい

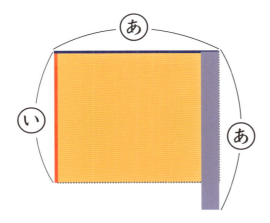

こたえ ＿＿＿＿＿＿＿ が ながい

かたち
色板並べ

がつ　にち

いろいたを　ならべて　かたちを　つくりました。

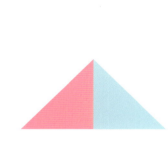と　おなじ　かたちの　いろいたを　なんまい　つかっていますか？

_____ まい　　　_____ まい　　　_____ まい

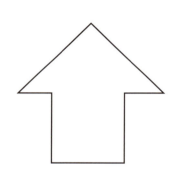
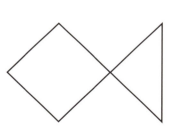

_____ まい　　　_____ まい　　　_____ まい

※ 難しいときは下の形の組み合わせをさがさせてください。

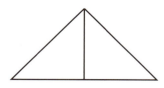
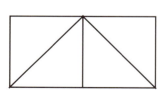

__2__ まい　　　__2__ まい　　　__4__ まい

86

かたち
色板並べ

がつ　にち

おなじ かたちを つくるには なんまいの いろいたを つかっていますか？

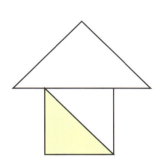

＿＿＿ まい

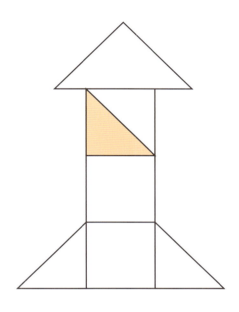

＿＿＿ まい

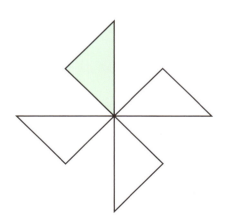

＿＿＿ まい

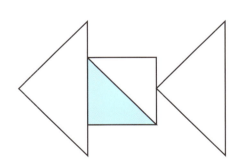

＿＿＿ まい

かたち
色板並べ

がつ　にち

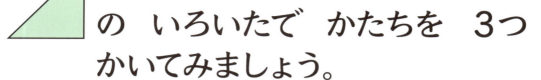の いろいたで かたちを 3つ かいてみましょう。

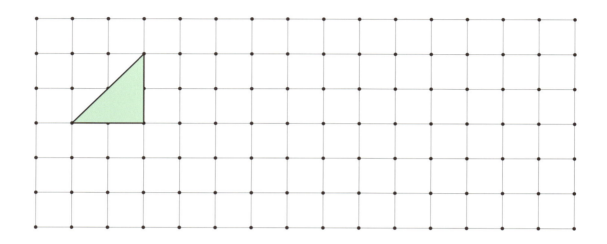

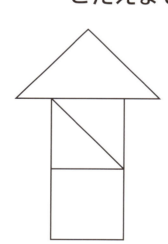の いろいたを なんまい つかっているか こたえましょう。

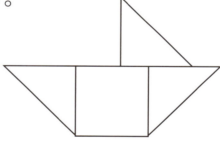

_____ まい

_____ まい

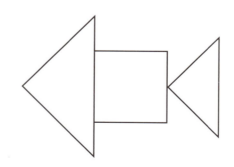

_____ まい

かたち
棒で形をつくる

がつ　にち

ぼうを つかって かたちを つくりました。

ぼうを なんぼん つかっていますか？

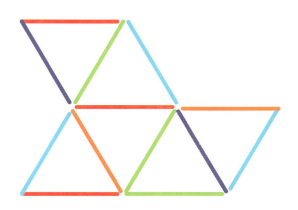

こたえ ＿＿＿ ぼん

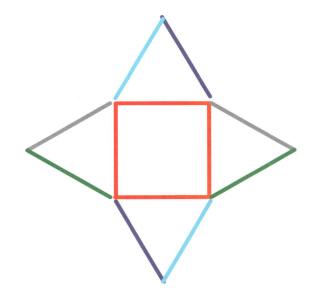

こたえ ＿＿＿ ほん

こたえ ＿＿＿ ほん

89

「ちょっかく」を さがしてみましょう。

おりがみ（せいほうけい）の かどを しらべましょう。

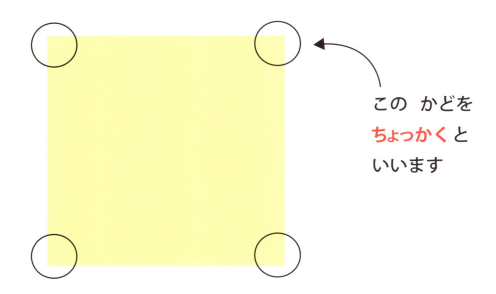

この かどを
ちょっかくと
いいます

ちょっかくを さがして ○を つけましょう。

※「直角」は小学校2年生で学びます。

チャレンジ　かたち　直角

「ちょっかく」に　しるしを　つけましょう。

91

チャレンジ

かたち
直角

がつ　にち

てんと　てんを　つないで　「ちょっかく」を　かいてみましょう。

※ます目は正方形なので対角線を結んでも直角ができます。手伝ってあげましょう。

さんかくけいと しかくけいを えらびましょう。

①から⑦の かたちが あります。

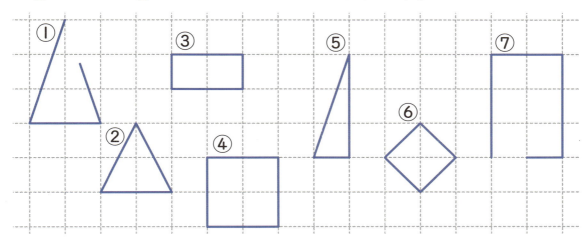

さんかくけいは どれですか？　　＿＿＿＿＿

しかくけいは どれですか？　　＿＿＿＿＿

①から⑤の かたちが あります。

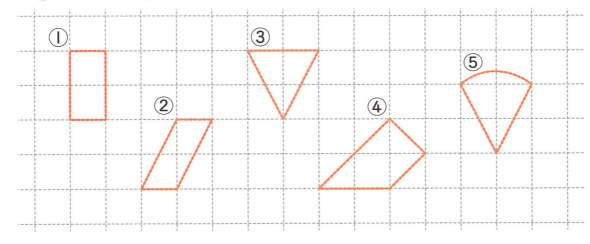

さんかくけいは どれですか？　　＿＿＿＿＿

しかくけいは どれですか？　　＿＿＿＿＿

①〜⑩の かたちに ついて こたえましょう。

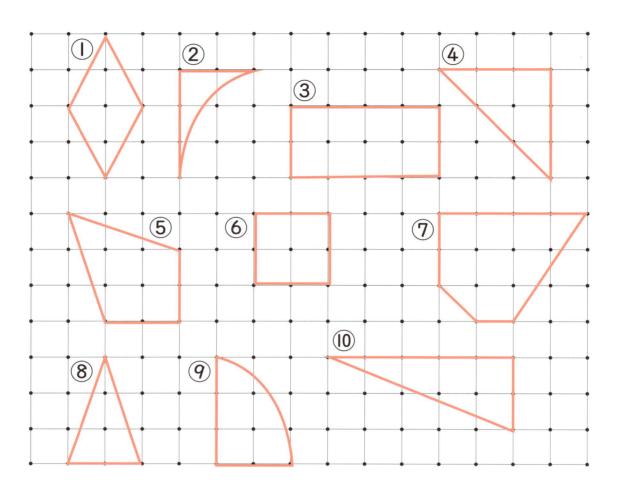

うえの かたちに ついて ①〜⑩ で こたえましょう。

しかくけいを ぜんぶ かきましょう。　（ ①、③、⑤、⑥ ）

せいほうけいは どれですか？　　　　（　　　　　　　）

ちょうほうけいは どれですか？　　　　（　　　　　　　）

さんかくけいは どれですか？　　　　　（　　　　　　　）

[力をひきだす、学びかたドリル]

既刊　❶「書く」からはじめる　せん、すうじ・かず

既刊　❷「書く」からはじめる　10までのたしざん・ひきざん

既刊　❸「書く」からはじめる　くりさがり・くりあがり

本書　❹「書く」からはじめる　とけい・かたち

監修 河野 俊一（こうの しゅんいち）エルベテーク代表

1996 年、民間の教育機関エルベテーク設立。発達の遅れ
と課題をもつ子どものためのコースも開設し、現在に至る
（埼玉／大阪／アメリカ）。著書に『発達障害の「教える難
しさ」を乗り越える』『自閉症児の学ぶ力をひきだす』（い
ずれも日本評論社）、『誤解だらけの「発達障害」』『子どもの
困った！行動がみるみる直るゴールデンルール』（いずれも
新潮社）など。2017 年 11 月〜 2018 年 1 月、『教育新聞』（教
育新聞社）にコラム（10 回）を連載。講演会、研修会での講
師多数。
https://www.elevetheque.co.jp/

制　　　作　特定非営利活動法人 教育を軸に子どもの成長を考えるフォーラム
　　　　　　さいたま市の特定非営利活動法人（2017 年設立）。
　　　　　　「子どもの教育と医療」を主なテーマとして活動中。

企画・編集　知覧 俊郎
編 集 協 力　矢吹 純子　向川 裕美
イ ラ ス ト　中西 やす子
デザイン・DTP　堀 博

［力をひきだす、学びかたドリル］❹「書く」からはじめる　とけい・かたち

2025 年 2 月 15 日　第 1 版第 1 刷発行

監修　河野 俊一
発行　特定非営利活動法人 教育を軸に子どもの成長を考えるフォーラム
　　　Japanese Association for Education-centered Childhood Development
　　　〒 336-0026　埼玉県さいたま市南区辻 5 - 6 - 12 - 408
　　　電話 / ファックス 048-837-6926
　　　e メール info@education-in-ourselves.org
　　　https://www.education-in-ourselves.org
印刷・製本　（株）シナノグラフィックス

© 特定非営利活動法人 教育を軸に子どもの成長を考えるフォーラム　Printed in Japan 2025

本書の無断転載、複写（コピー）、複製、翻訳を禁じます。
購入者以外の第三者による電子複製（スキャン、デジタル化）は個人・家庭内の利用であっても
著作権法上いっさい認められていません。
乱丁・落丁本はお取り替えいたします。定価はカバーに表示してあります。
この出版物は公益財団法人 森村豊明会の助成を受けて刊行されたものです。

ISBN978-4-9911859-4-6　C8337